Lb 37 2350

(Par Dubosc Montandré, d'après la
Bibliographie des Mazarinades.)

L'EXORCISTE
DE LA REYNE.

Faisant voir,

I. Que la Reyne est possedée par le Mazarin, & que ses inclinations sont esclaues sous la tyrannie de ce Lutin de Cour.

II. Qu'on ne peut dire sans extrauagance que l'authorité du Roy est engagée à la protection du Mazarin.

III. Que les inclinations generalles des peuples sont preferables aux inclinations particulieres de sa Majesté.

IV. Que les volontez contraires, aux Princes, aux Parlemens & aux peuples vnis, ne sont point les volontez du Roy.

M. DC. LII.

L'EXORCISTE DE LA REYNE

Faisant voir,

I. Que la Reyne est possedée par Mazarin, & que sa deslivrance dépend de la tyrannie de cet homme.

II. Qu'il n'y a peut-estre sans extravagance que l'utilité du Roy est engagée à la protection du Mazarin.

III. Que les sentimens generales des vrais François sont preferables aux inclinations particulieres de la Majesté.

IV. Qu'il est volonté contraire, aux Princes, aux Parlemens & aux peuples vnis, ne sont point les volontez du Roy.

M. DC. LII.

L'EXORCISTE DE LA REYNE.

LA verité n'est plus belle, à moins qu'elle ne soit toute nuë: quelque éblouïssante que soit sa beauté, nous auons les yeux assez forts pour en regarder fixement les éclats, & nous ne sommes plus en estat que de ne pouuoir point souffrir ses deguisements, quelques agreables que les flateries les ayent rendus par les addresses politiques de leur complaisance.

Le silence n'est bon que lors que les parolles sont inutiles. Il faut parler lors qu'on ne peut plus souffrir: ne dire mot, & souffrir beaucoup c'est estre ou trop lache ou trop insensible: l'vn & l'autre est dans l'extremité: Ce n'est point estre respectueux que d'estre lache: Ce n'est point estre fidelle que d'estre insensible: si le respect & la fidelité sont deux vertus ou politiques ou Chrestiennes, tout ce qui les destruit doit estre censé parmy les vices.

Ie ne sçaurois souffrir vn respect tremblant, disoit Cesar parlant à Dolabella, quiconque me flate, me veut surprendre, quiconque me veut surprendre, veut alterer ma iustice, quiconque en veut à ma iustice est mon ennemy: l'Empereur Gratian âgé de 21. ans, dira vn courtisan qui luy donnoit vne experience de 60. ans, qu'il auoit mauuais dessein contre luy, puis qu'il venoit renuerser sa raison par vne fausse creance du contraire dont il estoit conuaincu. Hephestion n'estoit dans le cœur d'Alexandre, au raport de Iustin, que parce qu'il portoit le sien sur son front, & que parmy toutes ses ignorances, celle de mentir estoit la plus inuincible.

Preualons nous du mauuais temps, pour faire renaistre par nostre sincerité le siecle de ces Braues. Restablissons le Trône de la verité, pour raffermir celuy des Louys qui n'est esbranlé que par la fourbe: & commençons à ne mentir point, quoy qu'auec respect, en parlant librement sur la protection dont la Reyne honore le Cardinal Mazarin.

I. Pour moy i'opine sans trembler, & ie ne fais point de doute de soustenir que la Reyne est possedée par le Mazarin, & que ce Lutin de Cour opere dans l'esprit de cette Princesse, tout ce que les demons operent dans les corps de ceux dont ils se sont emparés.

Auant que de prouuer cette verité, Ie dis auec Arnobe qu'vn homme qui a la puissance en main & qui n'a pas la bonté dans le cœur, est pire qu'vn demon, lequel auec vne mauuaise volonté ne peut nous faire qu'autant de mal, qu'il luy en est permis par vn bras superieur. Saint Gregoire le Theologien parlant de Iulien l'Apostat, disoit que si Tertulien eût esté de son temps il eut eu quelque raison de dire, que les Anges bons & mauuais estoient corporels, parce qu'aparemment cet Empereur, s'il n'estoit vn demon naturellement tel, estoit vn demon incarné.

Vn homme qui peut tout ce qu'il veut, & qui ne veut que ce qu'il ne deuroit pas pouuoir, à quoy se borne t'il qu'à sa lassitude? il ne cesse iamais de faire du mal, que lors qu'il en est las. Et c'est pour lors seulement qu'il commence à vouloir ce qu'il ne peut point, parce que ses bras ne peuuent point seconder ses vœux.

Caligula souhaittoit vne teste à tous les Romains, affin de les decapiter d'vn seul coup de cousteau, si ses bras n'eussent esté plus cours que ses desirs, ce Tiran eut fait dans vn moment ce qu'Hannibal ne peut pas faire, en beaucoup d'années.

Que voudroit le Mazarin, non pas moins que cela: que les Princes, que les Parlemens & que les peuples n'eussent qu'vne teste qui fut à sa deuotion, il seroit bien tost sans ennemis, & la plus longue de ses piques honorée de toutes les despoüilles de l'Estat.

Est-il de Demon plus enragé que celuy-là? il a sucéé tout le plus pur sang de l'Estat; il a deuoré toute la plus belle substance de nos peuples; il a espuisé tout ce que nous auiōs de beau & de bon dans nos finances; il a corrompu toute la candeur de nostre genie; il a mis les François & leur Roy à la bezace: C'est vn demon; & c'est vn demon des plus hydropiques: Il n'est pas encor rassassié de mal faire, & par ce qu'il est des François qui viuent encor, il faut qu'il les diuise ponr les faire entregorger les vns les autres; & pour boire à plus longs traits dans les torrents qui decouleront du grand carnage des guerres ciuilles.

Voila le lutin de la Reyne; voila le Demon qui la possede en maistre. S. Gregoire le Faimiracles raporte, qu'il y auoit vn Demon dans Neocezarée, qui ne faisoit souhaitter au corps dont il s'estoit emparé que des seditions & des tumultes, & qui mesme l'entrainoit souuent par les ruës auec des hurlemens qui metoient en alarme tous les quartiers: que fait le Mazarin? qu'inspire t'il à la Reyne: que des diuisions que des reuoltes, que des massacres: Ne la fait-il pas courir par toutes les villes du Royaume auec vn effroy, qui les menace toutes de combustion.

Il en est tout de mesme de ce demon de Cour que de celuy que S. Iaques Euesque de Nisible exorcisoit autrefois dans vne petite ville de son Diócese nommée Pizi: Le plus grand déplaisir qu'il luy pouuoit faire c'est de luy commander par le Dieu viuant de se tenir en repos & de n'agiter point si importunement le corps qu'il possedoit, & l'histoire raporte qu'il fut tellement lassé de ce repos contraint, qu'il deslogea: le mesme est arriué à sainct Charles Borromée sur le mont des Alpes.

Quoy de plus remuant que Mazarin: le repos le lasse; la tranquillité l'ennuye; le calme le met en peine: il n'ayme que les tempestes; il vit dans les orages; il ne trouue point de plus bel air que celuy de la confusion & du desordre: ie pense qu'il ne faudroit pour nous en defaire, que l'obliger de ne se remuer poins;& de ne faire point remuer la Reyne qu'il possede, par ses inspirations & par ses conseils,

B

Mais comment est-ce que ce demon Sicilien a peu s'emparer de la meilleure Princesse du monde, & la posseder auec tant de maistrise, qu'elle ne puisse plus receuoir de branle que de ses mouuemens, & qu'elle ne se conduise plus que par les boutades & les saillies de ce grand mobile de tous ses desseins.

On a remarqué dans les possessions tant de l'ancien que du nouueau Testament, que les demons ne se sont iamais emparez que des simples: & la raison que S. Thomas en allegue, c'est qu'ils trouuent moins de resistance dans ces esprits, plus de facilité pour estre renuersez; & qu'outre cela en les esleuant à des actions qui ne sont pas du commun, ils sont plus en estat de faire receuoir la creance de la possession.

A la naissance du monde, le serpent possedé du demon, n'entreprit pas d'abord d'attenter à la fidelité d'Adam; Il attaqua la femme, par ce qu'il sçauoit qu'elle estoit plus foible; & luy renuersant l'imagination par les fausses idées qu'il luy donnoit, il en fit l'instrument du dessein qu'il auoit de faire broncher le plus ferme de tous les hommes.

Le bonheur du Mazarin c'est d'auoir rencontré vne femme aupres du timon de l'Estat: la simplicité qui est inseparable d'auec le sexe, a donné toute sorte de prise aux souplesses de ce demon; & ses desguisemens n'ont triomfé de cet esprit, que par ce que les regardant auec la simplicité, qui luy est naturelle, il n'a pas peu en reconnoistre l'artifice.

Cette simplicité que ce lutin politique a rencontré en la Reyne, l'a mis en estat d'y pouuoir operer ce que les demons operent dans les possedez, c'est à dire d'y renuerser son imagination par des apparences trompeuses; d'y troubler l'esprit par des confusions artificieusement meslées; d'y esbranler le iugement par des mauuais principes, d'y desbaucher ou esgarer tous les sens par des faux objets, qui la font agir auec des violences, que nos respects nous font encor regarder auec plus de pitié que d'indignation; & pour conclure en vn mot de la faire agir & contre ses inclinations particulieres, & contre les semonces de la raison.

Pour renuerser son imagination, il luy fait voir contre toutes les maximes du monde qu'il est de son authorité de ne relacher iamais: il luy depeint cette authorité auec tant de desguisements qu'il en fait vn beau phantosme, dont il charme autant qu'il effarouche cette pauure imagination: pour troubler son esprit, il luy fait naistre mille labirintes & mille conjonctures d'Estat entremeslées de tant d'embarras, qu'elle est comme necessitée de se reposer de tous leurs demeslés sur sa seule conduite: Il ésbranle son iugement par les mauuais principes qu'il luy donne, qu'il ne faut point se soucier de ce qu'on dit, qu'il se faut faire moins aymer que craindre; & que pour regner auec asseurance, il faut reduire ses sujets iusqu'à n'en pouuoir plus: Il débauche & égare tous le sens pour les faux objets, comme quand il luy fait regarder M. le Prince comme vn seditieux, les Parlements comme des republicains, & les peuples comme des rebelles.

Faut-il s'estonner si la possedant auec ce grand Empire, il l'a fait agir auec tant de violence: La premiere ou la seule marque qu'on a pour connoistre la verité & l'infaillibilité de la possession c'est quand on voit que le possedé s'esleue à des actions qui ne sont pas de la portée d'vn homme; & qui témoignent par cet éleuation ou de forces du corps, ou de lumieres d'esprit, qu'il faut necessairement que les ressorts en soient estrangers.

Les desordres de l'Estat n'estonnent point la Reyne; les desolations publiques ne luy font point de pitié; le torrent des crimes qui se commettent tous les iours n'arreste point celuy de ses vengeances. Le trone de son fils branle sans qu'elle en soit esmeüe, l'esclat de la Couronne se flétrit sans qu'elle en palisse; son Estat & son patrimoine sont embrazez dans les quatre coings & dans le milieu sans qu'elle s'en estonne: que doit-on conclure de là, si ce n'est que toutes ces actions & tous ces sentimens, estant contraires aux inclinations d'vne femme & d'vne mere, il faut necessairement, qu'elle soit possedée par quelque puissance estrangere, & qu'elle n'agisse que par les mouuements de ce mauuais esprit qui la possede.

Ainsi n'acusons point la Reyne; tout ce qu'on voit n'est point d'elle, ses inclinations sont desbauchées, ses sentimens sont violentez, son imagination est renuersée, son esprit est troublé, son iugement est esbranlé, ses sens sont tous effarez, enfin elle est possedée par le Mazarin: Pour les exorcismes il n'en faut point d'autres, que ceux qu'on appelle les raisons des Roys & qu'on trouuera dans l'artillerie de l'Arsenal.

II. La premiere fausseté causée par les delires de cette possession, c'est de dire que l'authorité du Roy est engagée à la protection du C. Mazarin. O le plus pitoyable de tous les aueuglemens, & la plus horrible de toutes les insensibilitez.

Qu'est-ce que l'authorité du Roy? N'est-ce pas vn pouuoir absolu, que tous les sujets luy ont deferé, pour le mettre en estat de conseruer leurs loys, & de regler leur police? N'est-ce pas vne indépendance dans laquelle tous les peuples l'ont placé, pour en faire l'arbitre souuerain de tous leurs differens, & comme l'œconome de toute leur politique: cela ne se conteste point.

Traian disoit à son Colonel des Gardes en luy donnant son espée: prends dit-il ce fer pour t'en seruir contre mes ennemys, c'est à dire contre les ennemys de l'Estat; mais aussi ne manque pas de le dégainer contre moy mesme, si ie venois à m'escarter du deuoir qui m'attache & me sousmet à l'obseruation des loix.

Cette generosité du plus illustre, du plus vaillant, & du plus souuerain de tous les Empereurs, tesmoigne que les Monarques quoy qu'independants sont subjets à faire valoir les loix pour la police des Estats: & qu'à mesme temps qu'ils commencent de secoüer le ioug de cette soumission, ils dispensent leurs vassaux de cette obeissance qu'ils ne leur doiuent qu'à condition qu'ils s'en rendront dignes par l'attachement qu'ils auront pour tout ce qui concerne le bien public.

L'authorité du Roy, dit-on, est engagée à la protection du Mazarin? en vertu dequoy? est-ce que l'obseruation inuiolable des loix dépend de la conseruation du Mazarin? est-ce que le repos des peuples ne peut estre affermy que par la subsistance de ce Ministre? est-ce que le bien public est attaché au restablissement de ce particulier? est-ce que le Roy ne peut estre esclairé que par le conseil & par les lumieres de ce beau personnage? si cela est, l'authorité du Roy est engagée à la protection du Mazarin.

Mais

Mais les loix ne sont dans le déreglement que depuis que Mazarin est dans l'authorité: le repos des peuples n'est traversé que depuis que cét estranger est le Ministre de leur Estat: le bien public n'est dans la décadence, que depuis que ce mauuais Ministre est dans l'éleuation: Et le Roy n'est esleué dans vne ignorance de toutes les affaires d'Estat, que parce que ce Sicilien a eu l'intendance de sa conduite.

Ainsi loin d'opiniastrer à la conseruation, par le faux pretexte de soustenir l'authorité du Roy, comme la possedée pretend par les sentimens de celuy qui la possede, disons plustost, & disons-le sans crainte d'estre censuré par la Cour, que c'est en vouloir directement à l'authorité du Roy, que de songer au restablissement de cette peste d'Estat, & que si la Cour auoit l'authorité du Roy dans le cœur comme elle l'a dans la bouche, elle vniroit bien tost les interests à ceux de Messieurs les Princes pour faire vuider l'Estat & au Mazarin, & aux Mazarins.

III. Le possesseur ny la possedée ne seront pas de mon sentiment dans la proposition que j'auance, pour faire voir que les inclinations generales des peuples sont preferables aux inclinations particulieres de S. M. parce que c'est encor vn surcroist de raisonement qui détruira cette necessité pretenduë du restablissemēt de Mazarin & qui fera voir outre cela, qu'on ne peut le restablir que sur les ruines de l'authorité du Roy. raisonnons à l'épreuue.

Le deuoir qui soûmet les Roys à rendre iustice aux peuples, est anterieur à celuy qui soûmet les peuples à l'obeissance des Roys: & puis que les peuples ne se sont soûmis qu'auec cette condition, il faut necessairement conclure que leur dependance n'est que le moyen pour arriuer à la fin, qui n'est autre que la dispensation de cette iustice, laquelle les sujets peuuent exiger de leur Roy auec autant de droit qu'il a pouuoir luy mesme d'en exiger de l'obeissance. Qui peut y répliquer?

C

Puis que le Roy ne peut exiger l'obeïssance des peuples qu'en leur rendant iustice, il est aisé à voir que le deuoir de rendre iustice est preferable à celuy d'exiger du respect, & que le Roy ne pouuant pretendre d'estre honoré de ses peuples qu'à mesure qu'il les aymera, il faut premierement qu'il commence de les aymer, pour leur bailler la regle du respect & de l'obeïssance qu'il en desire. Ce raisonnement ne peut estre contredit que par les fols.

Ie poursuis, & pour encherir encor par dessus tout ce que ie viens d'auancer, ie soustiens qu'vn Roy qui ayme ce que ses peuples haïssent generalement: & qui hait ce que ses peuples ayment, renonce au premier & à l'vnique de tous ses deuoirs qui est celuy de rendre iustice à ses peuples. Si i'appuyois le Duc d'Esperon, malgré la haine des Prouençaux, disoit Henry IV. pour en fauoriser vn seul, i'en disgracierois cent mille : & ie signalerois vn coup de faueur par vn grand coup d'iniustice.

Lors que les Francs à la naissance de la Monarchie, esleuerent Pharamond sur vn bouclier, pour en faire leur Souuerain : n'est-il pas vray qu'ils ne se fussent pas imposé le ioug de sa seruitude, s'ils eussent creu qu'il eust deu faire de l'objet de leur affection, celuy de son indignation ? & au contraire : & n'est-il pas encor vray que c'estoit encor moins le dessein de Pharamond, & qu'il sçauoit fort bien qu'on ne le iugeoit capable de commander aux autres, que parce qu'on croyoit qu'il ne seroit pas assez lasche pour faire preualoir ses inclinations particulieres au preiudice de toutes les generales ? tout homme raisonnable ne resistera point à ce sens commun.

Le premier des deuoirs d'vn homme qui commande, c'est de se rendre complaisant, & de forcer mesmes ses plus puissantes inclinations, lors qu'elles ne sont point sympathiques auec les generales. Cela n'est que trop raisonnable : quoy, faudroit-il donc que tous les sujets vécussent dans des violences particulieres, pour laisser à leur souverain la liberté d'aymer au gré de ses seuls caprices? Si cela estoit juste il n'y auroit point de tyrannie. Car peut-il estre de plus grande tyrannie que d'estre obligé d'aymer ce qu'on hait, & de haïr ce qu'on ayme naturellement?

Tite, que la douceur du gouvernement fit surnommer les delices du genre humain, ne faisoit jamais publier aucun Edit Imperial, qu'il n'eust premier sceu, par le bruit qu'il en faisoit retentir, pour esprouver la sincerité de l'affection des peuples, qu'il en seroit receu sans aucune sorte de resistance, & avec l'aprobation generalle de tous ses sujets.

L'Empereur Adrian disgracia un certain nommé Similis parce qu'il estoit hay des habitans du Peloponese, où il passa lors que la curiosité de voir l'Orient du Soleil qui paroist du Mont-Gibel en forme d'un Arc-en-Ciel, le fit entrer dans la Sicile. Et Charles le bien-aymé ne resmoignoit jamais de plus forte impatience que celle de sçavoir si ses peuples avoient sujet de ne l'aymer point.

Ceux qui ont leu le Ciceron des Chrestiens, y peuvent avoir remarqué les paroles de douceur, dont ce bel esprit entretenoit incessamment son cher Crispe fils de Constantin. *Exige semper amari privatim, precor, quam ad publicam amussim, ama te in omnibus & omnes in te, &c.* Et quoy que ces *vix est id sine blanditiis*, quæ *utrumque adaritur. Sine cum omnibus, numquam desieris ne amari, qu'aussi ce sont des paroles de laïc, ce sont aussi des paroles de Lactance.

Tous ces exemples acompagnés de tous ces raisonnemens, font voir que la haine ou l'amour des peuples, doit estre la regle de la haine ou de l'amour des Roys, & que les Souverains qui ne sont point tyrans doivent moins regarder ce qui les choque, que ce qui choque l'inclination generalle de leurs peuples. Je dis l'inclination generale parce que des particuliers pourroient s'engager par un esprit de revolte, avec laquelle le Roy ne pourroit simbolir sans choquer tout le general de l'Estat.

Au reste, est-il rien du monde qui soit d'auantage contre le sens commun, que d'aymer ce que tout le monde hait, & de hayr ce que tout le monde ayme; & n'est-il pas vray que le monde n'auroit iamais veu des tyrans, plûtost Monarques, n'eussent eu des inclinations particulieres au preiudice des inclinations generales de tous leurs peuples.

Tout ce raisonnement qui ne souffre point de replique, n'est pas fort à l'auantage du Mazarin. Toute la France le hait, c'est sans conteste; la Reyne l'ayme; mais elle en est possedée: le Roy le tolere; mais que sçait-il ce qu'il fait: s'il connoissoit la valeur de l'objet de ses affections, il le hayroit plus que la mort: & quand bien il l'aymeroit dans cette connoissance, puis qu'il est l'objet de la haine generale de tout le monde, on ne seroit pas pour cela obligé d'interrompre les poursuites qu'on fait à present pour en desemparer l'Estat; parce que les Souuerains ne peuuent iamais proteger ceux qui sont protegés au desauantage des peuples.

IV. Le possesseur & la possedée ne donneront pas les mains à cette proposition, mais ils auront beaux opiniastrer à la démentir, la verité en est indisputable, & les loix de l'Estat ne peuuent estre violées qu'auec sacrilege. Il est vray sans contredit que les volontez contraires à celle des Princes, des Parlemens & des peuples vnis, ne sont pas les volontez du Roy. Et que par consequent il faut estre imposteur enragé pour soustenir que le Roy soustient le C. Mazarin, pendant que les Princes, les Parlemens, & les peuples, conspirent vnanimement pour le faire cesser du faict des grandeurs où il s'est esleué par le Ministere de l'iniustice.

La premiere preuue sur laquelle i'establis cette proposition, c'est l'impossibilité auec laquelle ie soustiens que les volontez contraires à celles de l'Armée, des Parlemens & des peuples, ne sont pas les volontez du Roy;
parce

parce que le Roy ne peut pas auoir des volontés contraires à celles des Princes, des Parlemens, & des peuples vnis : vne raison à l'espreuue.

Le Roy ne peut point auoir des volontés contraires au bien de son Estat, ou s'il en a, l'Estat n'est pas obligé de se rendre complaisant à leur execution, parce que le Roy n'est Roy que pour porter preferablement à tous autres les interests de l'Estat ; qui peut repartir à ce discours.

Cependant il ne faut point douter que les Roys auroient des volontez contraires au bien de l'Estat, si les Roys auoient des volontez contraires à celles des Princes, des Parlemens & des peuples : Parce que l'Estat n'est rien autre chose que les Princes, les Parlemens, & les peuples vnis. Il ne faut donc point douter que les volontez contraires à celles des Princes, des Parlemens & des peuples vnis, ne soient contraires à celles des Roys, puis que les Roys n'en peuuent point auoir de contraires au bien de l'Estat, qui n'est autre chose que les Princes, les Parlemens, & les peuples vnis. Gronde qui voudra, ce raisonnement est sans replique.

Ie dis bien encore dauantage pour encherir par des fustes sur les propositions que ie viens d'auancer, que non seulement les volontez contraires à celles des Princes, des Parlemens & des peuples, ne sont pas les volontés du Roy ; Mais que mesme, selon les loix de l'Estat, on ne doit point receuoir aucune volonté pour la veritable volonté du Roy, à moins qu'elle ne soit conforme & verifiée par celle des Princes, des Parlemens, & des peuples. Ceux qui sçauent les loix de l'Estat ne contrediront point à cette verité.

Poussons encor ce raisonnement pour en donner de reste aux plus opiniastres : qu'elle est la science des Roys ? c'est la science du gouuernement ou l'art de regner : le moyen de bien regner ou de bien gouuerner vn Estat, c'est de n'agir iamais par le principe d'aucune de ses pas-

D

sions, c'est d'adjuster toute la conduitte sur les regles du sens commun; c'est de ne s'aheurter jamais à des sentimens particuliers; c'est de n'emprunter jamais les motifs d'aucun propre interest; c'est de sonder les inclinations generales; c'est enfin de ne rien entreprendre qui choque le general de ceux qui sont dans la subjection.

Il est constant qu'vn Roy, dont les volontez seroient contraires à celles de ses Princes, de ses Parlements, & de ses peuples, choqueroient tous les principes du gouuernement; & par consequent il est vray de dire que les volontez qui sont contraires à celles des Princes des Parlements & des peuples, ne sont pas les volontez du Roy. Si l'existence de Dieu estoit aussi visible, il ne faudroit plus la mettre dans les articles de foy.

Argumentons maintenant contre le Mazarin, qui pretend s'estre restably par les ordres expres de l'autorité du Roy. Le Roy dit-il le veut: & cependant les Princes, les Parlements, & les peuples, c'est à dire tout l'Estat, ne le veut point. Il n'y a donc point de volontez du Roy qui se soient declarés pour luy, puisque le Roy ne peut point auoir des volontez contraires à celles des Princes, des Parlements & des peuples. Si le Mazarin l'emporte par la voye du fer ayant la force il aura la iustice de son costé, parce qu'il pourra faire iustifier mesme les plus detestables attentats.

Mais ou les principes de la raison sont faux, ou il est infaillible, que quoy qu'il est de son costé la personne, il n'a pas les volontez du Roy, parce que les volontez du Roy ne pouuant estre contraires à celles de l'Estat, & celles de l'Estat n'estant autres que celles des Princes, des Parlemens, & des peuples, il s'enfuit euidemment que les volontez des Princes, des Parlemens & des peuples, estans contre luy, il ne sçauroit auoir pour luy les volontez du Roy.

Vn Roy, (dit Plutarque parlant à son disciple Trajan,) peut tout ce qu'il veut, pourueu qu'il ne veuille que ce qu'il peuples les Souuerains sont si dépendans, pourueu qu'ils soient soumis à la dépendance du sens commun. Les Monarques gouuernent sans Pair, pourueu que la défaillance les rende Aristocratiques par la soumission qu'ils doiuent aux Conseils des Grands de leur Estat. Vn Roy qui veut que son caprice soit absolu, ne veut rien, parce qu'il ne veut pas ce qu'il faut vouloir.

Si Neron ne se fust attaché à son seul caprice, il n'eust pas pris plaisir à s'enfermer dans vne tour de verre pour voir l'ambrasement de sa patrie. Si Herode eut suiuy le conseil de son Estat il n'eut pas fait poignarder les plus aparants de son Royaume, comme il fit à dessein de faire pleurer sa mort. Les atachements aux volontez particulieres font les tyrans; pour viure en Roy & en veritable Monarque, il faut entierement conformer ses volontez à celles du public, & ne vouloir rien que ce qui sera generallement approuué de tout le monde.

Si nostre ieune Monarque n'estoit tyrannisé par l'Empire que le Mazarin s'est aquis sur son esprit; si ses inclinations Royales & heroïques, n'estoient violentées par des impressions estrangeres; si sa simplicité n'estoit surprise par des impostures & des artifices, que son âge met encor au dessus de sa connoissance; ie ne doute pas qu'il ne suiuit la pante de tout son Estat, & qu'il ne symbolisast entierement, comme il le doit, auec les volontez de ses Princes, de ses Parlemens & de ses peuples, pour extirper à iamais toute la mal-heureuse engeance des Mazarins.

Mais n'agissant que par des impressions estrangeres, nous serions criminels si nous auions la hardiesse d'inuectiuer contre sa conduite: & puis que nous sçauons que toutes ses inclinations sont captiues, & que tous ses mouuemens veritablement Monarchiques sont enchaisnez, nous n'auons qu'à le regarder sous ce honteux esclauage auec compassion, pour nous inciter à l'en garentir, en se-

secondant la vigueur de nos Princes, auec vn courage digne de leur imitation, & vne generosité qui ne déroge point à celle de nos ancestres.

FIN.

www.ingramcontent.com/pod-product-compliance
Lightning Source LLC
Chambersburg PA
CBHW070538050426
42451CB00013B/3080